EDIT DV ROY,

PORTANT ATTRIBUTION
de la jurisdiction contencieuse
des causes du Domaine, &
de la Voyerie.

A PARIS,

Chez la veuve J. REBUFFE', ruë
Dauphine, à l'Arche de Noé.

M. DC. LXXII.

EDICT DV ROY PORTANT

attribution de la iurisdiction contencieuse des causes du Domaine & de la Voyerie ; avec la reception des foy & hommages à chacun des Bureaux des Finances de toutes les Generalitez de ce Royaume : Et la creation de quatre Offices de Tresoriers Generaux de France, & de deux qualitez de Presidens en chacun d'iceux, pour y exercer & servir alternativement avec les quatorze des-ja establis ; Sçavoir neuf en une année, & neuf en l'autre : Ensemble d'un Procureur & d'un Advocat du Roy sur le fait du Domaine, de dix Procureurs postulans, d'un Greffier pour les causes domaniales, d'un Maistre Clerc au Greffe, d'un autre Greffier des presentations & de trois Huissiers.

OUIS PAR LA GRACE DE DIEU, Roy de France et de Navarre. A tous presens & à venir ; Salut. Nos Presidens Tresoriers de France & Generaux de nos Finances, ayans dés leur premier institution esté establis pour

A

avoir l'entiere administration, intendance & direction
de nostre Domaine, tant sur la levée, perception &
distribution des deniers d'iceluy, que sur l'expedition, decision & vuidange des procez & differens intervenans pour raison de nos droicts, ainsi qu'il se
reconnoist par l'Ordonnance du Roy Charles VI.
du unziéme Avril 1390. qui divisa entr'eux la fonction & exercice de leurs Charges, & voulut que
ceux qui vacquoient au Gouvernement, Intendance
& distribution de deniers de nostredit Domaine pris-
sent qualité de Tresoriers Generaux, sur le fait &
distribution des Finances, & ceux qui vacquoient à
l'expedition & vuidange des causes & procez d'entre les parties, fussent nommez Tresoriers Generaux
de France sur le fait & distribution de la Justice. Laquelle fonction nosdits Tresoriers Generaux avoient
continuée jusques en l'année 1400. que le mesme
Roy par ordonnance du septiéme Janvier audit an,
supprima lesdits Tresoriers Generaux sur le fait de
la Justice, & reünit leur fonction à celle des Tresoriers Generaux sur le fait des Finances, pour les exercer conjoinctement sous une mesme Charge. Mais
le revenu de nostre Domaine augmentant, & les Tresoriers Generaux de France d'outre Seine & Yonne
establis à Paris, ne pouvans vacquer pour estre en
trop petit nombre à l'une & à l'autre Charge, furent commis d'Office personnes graduez avec qualité de Conseillers, qui en leur absence pussent ren-
dre & distribuer la Justice, & vuider les causes & procez intervenans & concernans nostredit Domaine.
Lesquelles Commissions furent creées en tiltre d'Office jusques au nombre de cinq seulement, par Edict
du Roy Charles VIII. du mois d'Aoust 1496. qui

en composa & erigea une Chambre à Paris, qu'il
voulut estre appellée la Chambre du Tresor de son
Domaine : laquelle Chambre fut augmentée de trois
autres Conseillers faisant le nombre de huict, par
Edict du Roy François premier, du mois de Fevrier
1543. qui est celle de present y establie ; en laquelle
President tous nosdits Tresoriers Generaux de France,
de quelque Bureau ou Generalité qu'ils soient : avec
pouvoir & jurisdiction à ladite Chambre de connoistre en premiere instance & juger privativement
à tous autres Juges, de tous procez & differens qui
se peuvent mouvoir & intenter pour raison de nô-
tredit Domaine & choses qui en dépendent, comme
de nos droicts d'aubeines, espaves, bastardises, desherences & autres biens vaccans, mesme pour les dixmes infeodées qui sont mouvantes en foy & hommage de Nous, & où nous pouvons avoir quelque
interest, & ce au dedans des fins & ressorts de nostre
Prevosté & Vicomté de Paris ; & des Bailliages de
Senlis, Melun, Brie-comte robert, Estampes, Dour-
dan, Mantes, Meulan, Beaumont sur-Oyse & Cres-
py en Valois seulement. Et d'autant que la jurisdiction de nostre Domaine dés sa premiere origine
& institution, a tousiours appartenu à nosdits Presidens & Tresoriers Generaux de France ; & que depuis quinze ou vingt ans, la pluspart de ceux qui ont
esté receus en chacun desdits Bureaux, sont personnes graduées & de robe longue ; qui pour s'accom-
moder au temps & à la creation de leurs Offices, se
sont faits recevoir en robe courte, avec autant de ca-
pacité que les Officiers de robe longue : & que nosdits Baillifs & Seneschaux ou leurs Lieutenans n'a-
voient anciennement aucune jurisdiction sur nostre-

A ij

dit Domaine, & n'ont commencé d'en joüir que depuis l'Edict de Cremieu donné au mois de Juin 1546. par lequel leur est attribué & à tous Juges ressortissans sans moyen pardevant nos Cours de Parlement la jurisdiction & connoissance de toutes les causes de nostredit Domaine, esquelles nos Procureurs sont parties principales, avec deffences aux Prevosts Châtelains & autres Juges inferieurs d'en connoistre ; & qu'au moyen de cette attribution de jurisdiction, nostredit Domaine à present est grandement diminué pour n'avoir lesdits Baillifs, Seneschaux ou leurs Lieutenans aucune connoissance de la valeur d'iceluy, ne tenir aucuns papiers terriers, ny n'avoir le loisir d'en dresser : Joint que ce n'est leur premiere institution, ains de connoistre principalement de toutes matieres, procez & differens intervenans entre les parties, & autres cas & chefs de jurisdiction qui leur sont attribuez par nos Edicts & Ordonnances ; & que nostredit Domaine se pourroit entierement perdre & usurper, si la jurisdiction en estoit plus long-temps par eux exercée. SÇAVOIR FAISONS, qu'apres avoir mis cét affaire en deliberation en nostre Conseil, où estoit la Reyne nostre tres-honorée Dame & Mere, nostre tres-amé Frere le Duc d'Orleans, aucuns Princes & Seigneurs de nostre Royaume, & autres de nostre Conseil. Par nostre Edict perpetuel & irrevocable ; Avons revoqué & revoquons ledit Edict du mois de Juin 1536. & tous autres qui ont attribué ou confirmé la connoissance de nostre Domaine ausdits Juges, & conformément à celuy du mois de Fevrier 1543. portant creation de nostredite Chambre du Tresor à Paris, & attribution aux Conseillers d'icelle ; & aux Presidens &

Tresoriers Generaux de France, de connoistre privativement à tous autres Juges du fait de nostredit Domaine & choses qui en dependent. Avons attribué & attribuons à tous les Bureaux de nosdits Presidens & Tresoriers Generaux de France, establis en chacune Generalité de nostre Royaume (fors à celuy de Bretagne) pareil pouvoir, jurisdiction & connoissance que celle attribuée à nostre Chambre du Tresor à Paris, par le susdit Edict de l'année 1543.

Voulons à cét effect que chacun desdits Bureaux au dedans des fins & limites de leurs Generalitez, jugent, connoissent & decident en premiere instance & privativement à nosdits Baillifs, Seneschaux, Prevosts, leurs Lieutenans & autres Juges; de tous procez & differens qui se pourront mouvoir & intenter pour raison de nostredit Domaine, cens, surcens, rentes & autres droicts, circonstances & dependances d'iceluy : comme de toutes matieres d'aubeines, épaves, bastardises, desherences, & autres droicts de biens vaccans, ou nos Procureurs de nosdits Bureaux creés par nostre present Edict pourront avoir quelque interest; ensemble des dixmes infeodées mouvans en foy & hommage de Nous, des hommages des vassaux tenans de Nous, des lettres de souffrance & de conforte-main qui sont prises par nos vassaux, pour raison des fiefs & hommages tenus & mouvans d'iceux. Et la reception des foy & hommages de tous les fiefs dépendans de nostre Domaine, & par main souveraine quand elle échet: ensemble de toutes entreprises & usurpations qui ont esté faites & se feront sur nostredit Domaine, soit que nostredit Procureur y soit partie, ou entre particuliers.

Enjoignons à nosdits Baillifs, Seneschaux, Prevosts & Vicomtes ou leurs Lieutenans, chacun dans le ressort de leurs Bailliages, Seneschaussées & Prevostez de proceder par prevention, ou faire proceder pour la conservation de nos droicts à la requeste de nosdits Procureurs esdits Bailliages, Prevostez ou Vicomtez, à l'instant que lesdits Juges en seront requis par eux, par voyes de saisies, sceellez ou main mises, ou autres voyes sur les biens des estrangers, bastards, & autres biens vacans qui nous appartiennent, ou qui nous seront adjugez par decret, confiscation ou autrement, & envoyer dans trois jours au Greffe du Bureau de nosdits Presidens & Tresoriers Generaux de France du ressort de leursdits Bailliages, Prevostez ou Vicomtez, lesdits exploicts de saisies, actes de sceellez & de main mises, pour en faire par nosdits Presidens & Tresoriers Generaux les poursuites & diligences ainsi qu'ils verront estre à faire.

Et où nosdits Baillifs, Seneschaux, Prevosts & Vicomtes ou leurs Lieutenans, seroient refusans ou dilayans de proceder ausdits exploicts de saisies, sceellez & main mises. Enjoignons à chacun des Receveurs ordinaires de nostre Domaine establis esdits lieux, d'en advertir en toute diligence nostre Procureur du Bureau de leur Generalité, pour requerir ce qui sera de la conservation de nos droicts, & y estre pourveu par lesdits Presidens & Tresoriers Generaux de France ainsi qu'il appartiendra.

Deffendons à nosdits Baillifs, Seneschaux, Prevosts & Vicomtes ou leurs Lieutenans procedans ausdits sceellez, exploicts de saisies ou main mises, de faire aucun inventaire ou description de biens à Nous appartenans à cause des susdits droicts, reservant la-

dite description ou inventaire d'iceux à nosdits Presidens & Tresoriers Generaux de France, ou à leurs
subdeleguez du Bureau de la Generalité où lesdits
biens se trouveront & qui nous seront écheus, à l'ex-
clusion de tous autres Juges de quelque ressort &
pouvoir qu'ils soient, afin de conserver par nosdits
Tresoriers Generaux de France, & tenir par eux procez verbal de tous les tiltres, enseignemens & actes
concernans nostre Domaine & autres qui se pourront trouver dans l'inventaire des biens de ceux qui
nous écherront ou appartiendront par forfaicture,
confiscation ou autrement.

Voulons en outre que tous procez ou differens
qui sont ou seront pendans pardevant nos Baillifs,
Seneschaux & autres Juges Royaux, concernans
nostredit Domaine, droicts & choses qui en dépendent, soient aussi par eux renvoyez comme nous les
renvoyons par ces presentes au Bureau de nosdits
Presidens & Tresoriers Generaux du ressort de
leursdits Bailliages, Seneschaussées & Jurisdictions
pour y estre jugez, decidez & terminez suivant nos
Edicts & Ordonnances. Deffendons ausdits Baillifs, Seneschaux & Juges, d'entreprendre aucune
jurisdiction ou connoissance desdits procez & differens, ny d'en juger & terminer les instances, s'ils ne
sont commis & deputez pour ce faire par lesdits
Presidens & Tresoriers Generaux de France, à pei-
ne de nullité de leurs procedures & jugemens.

Et d'abondant suivant les Edicts des mois de No-
vembre 1607. & Fevrier 1626. par lesquels est donné pouvoir à nostre grand Voyer, de connoistre dans
nos Villes, Fauxbourgs & grands chemins du fait de
ladite Voyerie; & à nostre Chambre du Tresor, de

tous les differens qui interviendront pour les droicts
deubs & affectez audit grand Voyer, & suppression
de ladite Charge de grand Voyer, & reünion d'i-
celle aux Charges & Offices de nosdits Presidens
& Tresoriers Generaux de France. Avons attribué
& attribuons à chacun des Bureaux de nosdits Presidens & Tresoriers Generaux de France és fins &
limites de leurs Generalitez, la jurisdiction en premiere instance de ladite Voyerie, circonstances &
dépendances d'icelle; & ce és Villes & lieux dépendans de nos Justices Royales en premiere instance, pour juger & decider tous procez & differens qui seront meus & intentez, tant pour raison
d'icelle Voyerie que dépendances.

Iugeront en dernier res-sort jusques à deux cens cinquante li. de principal, & dix liures de rente. Et passeront ou-tre au juge-ment des causes, no-nobstant op-positions & appellations. Pourront juger nosdits Presidens & Tresoriers
Generaux de France chacun en l'estenduë de sa Ge-
neralité deffinitivement & en dernier ressort jusques à deux cens cinquante livres & au dessous
pour une fois payer, & jusques à dix livres de rente
en fonds, & le double desdites sommes par provi-
sion. Et voulons que sur toutes les matieres cy-
dessus, dont nous leur avons attribué & attribuons
la connoissance, ils ayent à passer outre à l'instruction
& jugement deffinitif d'icelles, nonobstant opposi-
tions ou appellations quelconques, & sans prejudice
d'icelles pour les sommes cy-dessus : lesquelles op-
positions & appellations de nosdits Presidens &
Tresoriers Generaux de France; Nous voulons estre
relevées nuëment & immediatement pardevant nos
Cours de Parlement, au ressort desquels sont esta-
blies nosdites Generalitez.

Audiences. Nosdits Presidens & Tresoriers Generaux de
France chacun és Bureaux de leursdites Generalitez,

9

tiendront leurs Audiances en habit decent les Mardy, Jeudy & Samedy matin s'il est necessaire ; sçavoir depuis le premier jour d'Avril, jusques au dernier Septembre, à huict heures du matin jusques à dix heures : & depuis le premier Octobre jusques au dernier Mars, depuis les neuf heures jusques à unze heures, pour y juger le plus sommairement que faire se pourra, les causes qui seront traitées pardevant eux. Et pour le regard des causes qui seront appointées au Conseil, elles seront distribuées par le plus ancien des deux Presidens qui sera en exercice, & en son absence par son compagnon d'Office, qui retiendront chacun un procez pour eux par preciput, & ne pourront estre jugez à moindre nombre que de cinq. Les épices desquelles causes & de tous autres procez par écrit & sujets à estre rapportez (sans comprendre les instructions qui demeureront à ceux qui auront esté commis) seront partagées : sçavoir le quart pour le Rapporteur, & les trois autres quarts pour tous les autres en commun, tans presens qu'absens, à la charge qu'ils serviront du moins quatre mois en l'année de leur exercice. Lequel exercice nous voulons estre fait à l'advenir alternativement, & par années distinctes & separées : sçavoir moitié desdits Officiers en l'une des années, & l'autre moitié en la suivante : chacune desquelles années commencera au premier jour du mois de Juillet, & finira au dernier jour du mois de Juin ensuivant : la premiere desquelles aura lieu dudit premier Juillet prochain.

Et afin qu'il y ait nombre suffisant d'Officiers, pour vaquer tant au fait des Finances qu'à celuy de la Justice alternativement, & requerir ce qui nous appartient, écherra & appartiendra, tant à cause de noſtre Domaine, qu'en la perception, cueillette & levée des droicts de ladite Voyerie, & de tous autres droicts Domaniaux. Avons par noſtre preſent Edict creé & erigé, creons & erigeons en chef & tiltre d'Office formé, quatre nos Conſeillers Treſoriers de France & Generaux de nos Finances, en chacun des Bureaux & Generalitez de noſtre Royaume, pour faire juſques au nombre de dix-huict en chacun deſdits Bureaux, & y avoir neuf deſdits Officiers en chacune année, pour vaquer à l'exercice & fonction deſdites Charges. Et afin qu'en chacune année il y ait deux Preſidens eſdits Bureaux pour tenir les Audiences, & faire la diſtribution des procez & autres affaires : Nous avons auſſi par ce meſme Edit, creé & erigé deux Charges & qualitez de Preſidens en chacun deſdits Bureaux, outre les deux qui y ſont à preſent, pour eſtre tenuës & poſſedées par deux deſdits Treſoriers de France anciens ou nouveaux : & ſeront les plus anciens preferez à lever leſdites Charges & qualitez ſi bon leur ſemble ; & en leur refus & defaut, ſera loiſible aux autres qui les ſuivront en ordre de reception de les prendre & lever, & ce pour la premiere fois ſeulement : Enſemble nous avons creé un Avocat & un Procureur pour nous, avec la qualité de noſtre Conſeiller en chacun d'iceux Bureaux aux gages; pour le regard deſdits Treſoriers Generaux de France & noſtre Procureur, tels & ſemblables dont jouïſſent à preſent les Treſoriers Generaux en chacun des Bureaux où ils ſont eſtablis, ſans y comprendre les augmentations qu'aucuns d'iceux ont obtenuës à cauſes des ſurvivances ou autrement : & à noſtredit Avocat douze cens

livres aussi par an, dont ils seront payez sur mesme
fonds & nature que les autres Officiers desdits Bureaux : & à cette fin sera fait & laissé fonds en nos
Estats par chacun an, & jouïront des mesmes droicts
de bûche & de presence, honneurs, privileges, exem-
ptions, authoritez, preseances & prerogatives, dont
jouïssent nos autres Presidens & Tresoriers Generaux de France desdits Bureaux : Comme aussi nous
avons creé & erigé, creons & erigeons par nostre
present Edict, dix Procureurs postulans en chacun
Bureau pour exercer lesdites Charges, tant esdits
Bureaux des Finances qu'en la Justice dudit Domaine & Voyerie ; qui auront pouvoir de dresser les
estats des Comptables, qu'il leur convient presen-
ter par chacun an esdits Bureaux pour lesquels ils
jouïront des vingt-cinq livres qui sont passées &
alloüées ausdits Comptables, pour la presentation
& verification desdits estats. Et encore trois Huissiers outre les cinq qui sont à present establis, qui
feront en chacun desdits Bureaux le nombre de huit,
lesquels se diront & qualifieront Huissiers de la Jurisdiction de nostre Domaine, establis en la Generalité de .   .   avec pouvoir d'exploicter par
tout nostre Royaume, à l'instar & aux mesmes privileges, franchises & libertez que ceux de nos
Chambres des Comptes & du Tresor à Paris. N'entendons neantmoins que lesdits trois Huissiers creés
de nouveau par le present Edict, puissent faire aucun
prejudice au premier Huissier Concierge & garde-
meuble creé en nostredite Generalité, par nostre
Edict du mois de Fevrier 1626. lequel premier Huissier exercera sadite Charge, tant audit Bureau qu'en
la Justice dudit Domaine en toutes les annees, à

l'inftart de celuy de noftredite Chambre du Trefor eftablie à Paris.

Comme auffi pour les expeditions des caufes d'Audiences & procez par écrit, Avons creé & erigé, creons & erigeons en chacun defdits Bureaux, un Greffier hereditaire pour l'ordinaire des caufes, avec un Maiftre Clerc, & un Greffier des prefentations, auquel nous avons attribué femblables droicts que ceux dont jouïffent nos Greffiers & Maiftres Clercs des Prefidiaux de noftre Royaume.

Et d'autant qu'en aucuns lieux de noftredit Royaume, il y a des Juges particuliers & autres Officiers creés & eftablis pour le feul fait de noftredit Domaine, la fonction defquels ne peut avoir lieu pour l'advenir au moyen du prefent Edict : Nous avons efteint & fupprimé, efteignons & fupprimons tous lefdits Officiers, à la charge qu'ils feront par Nous rembourfez de la valeur d'iceux : N'entendons toutefois comprendre en ladite fuppreffion les Officiers de noftre Chambre du Trefor à Paris.

N'entendons auffi diminuer aucune chofe aufdits Treforiers Generaux de France fur la fomme de trois cens douze livres par an, dont il jouïffent pour leur droict de prefence ; ains voulons qu'ils leurs foient payez entierement par chacun an, encore qu'ils fervent alternativement.

Tous lefquels Offices creés par noftre prefent Edict, feront receus au payement du droict annuel, ainfi que les autres Officiers defdites Generalitez, fans pour ce payer aucun preft, ny ledit droict annuel pour la prefente année, par ceux qui en feront pourveus.

SI DONNONS en mandement à nos amez &

feaux Conseillers les Gens tenans nos Cours de Parlement, Chambres de nos Comptes & Cours de nos Aydes, que noftre prefent Edict ils faffent chacun en droict foy & comme à luy appartiendra, lire, publier & regiftrer, & le contenu en iceluy inviolablement garder, obferver & entretenir, fans permettre qu'il y foit contrevenu, nonobftant oppofitions ou appellations quelconques; pour lefquelles & fans prejudice d'icelles ne voulons eftre differé : & dont fi aucunes interviennent, Nous avons retenu & refervé, retenons & refervons la connoiffance à Nous & à noftre Confeil; & icelle interdite à toutes nos autres Cours, Juges & Officiers, nonobftant auffi le fufdit Edict du mois de Juin 1536. & tous autres Edicts, Ordonnances, Arrefts, Reglemens, Deffences, Privileges & autres Lettres à ce contraires ou données en confequence, aufquelles & aux derogatoires des derogatoires y contenuës ; Nous avons derogé & derogeons par cefdites prefentes: CAR tel eft noftre plaifir. Et par ce que des prefentes on pourra avoir affaire en plufieurs & divers lieux ; Nous voulons qu'au vidimus d'icelles deuëment collationné par nos amez & feaux Notaires & Secretaires, foy foit adjouftée comme au prefent original : Auquel afin que ce foit chofe durable, ferme & ftable à toufiours, Nous avons fait mettre noftre feel, fauf en autres chofes noftre droict & l'autruy en toutes. DONNE' à Paris, au mois d'Avril, l'an de grace, mil fix cens vingt-fept ; Et de noftre Regne le dix-feptiéme. Signé, LOUIS, Et plus bas, Par le Roy, DE LOMENIE. Et à cofté, vifa. Et feellé du grand Seau de cire verte, en lacs de foye rouge & verte.

Leu, publié & registré, Ouy & ce requerant le Procureur General du Roy. A Paris en Parlement, le Roy y seant, le vingt-huictieme jour de Iuin mil six cens vingt-sept. Signé, DV TILLET.

Leu, publié & registré en la Chambre des Comptes: Ouy le Procureur General du Roy, du tres exprès commandement de sa Majesté, porté par Monsieur son Frere, venu exprès en ladite Chambre, assisté des Sieurs Duc de Bellegarde, Chevalier de ses Ordres, de Champigny & de Leon, Conseillers en ses Conseils d'Estat & Privé, le vingt-huictiéme jour de Iuin mil six cens vingt-sept. Signé, BOVRLON.

Leu, publié & registré par le commandement du Roy, porté par Monsieur Frere unique dudit Seigneur, assisté du Sieur de Bellegarde, Chevalier des Ordres de sa Majesté, & des Sieurs de Champigny & de Leon, Conseillers en ses Conseils d'Estat & Privé : Ouy & ce consentant le Procureur General de sadite Majesté. A Paris en la Cour des Aydes, les Chambres assemblées, le vingt-huictiéme jour de Iuin, l'an de grace, mil six cens vingt-sept. Signé DE LAISTRE.

www.ingramcontent.com/pod-product-compliance
Lightning Source LLC
LaVergne TN
LVHW021816060726
842528LV00004B/1378